AF602157

VENTE
DU JEUDI 13 AVRIL 1905
à 2 heures
HOTEL DROUOT, Salle N° 8

De Toulouse-Lautrec
Steinlen
Aristide Bruant

Me LAIR DUBREUIL
Commissaire-priseur
M. GEORGES SORTAIS
Expert

IMP. PAIRAULT & Cie
3, PASSAGE NOLLET
PARIS

De TOULOUSE-LAUTREC

STEINLEN

ARISTIDE BRUANT

CONDITIONS DE LA VENTE

Elle sera faite au comptant.

Les acquéreurs paieront dix pour cent en sus des adjudications.

Paris. — Imp. Pairault et Cie, 3, passage Nollet. — 6053

CATALOGUE

DE

Tableaux et Dessins

ŒUVRES IMPORTANTES DE

De Toulouse-Lautrec

DESSINS ORIGINAUX DE

Steinlen

POUR L'ILLUSTRATION DES ŒUVRES DE

Aristide Bruant

Dans la Rue — Le Mirliton

DONT LA VENTE AURA LIEU

HOTEL DROUOT, SALLE N° 8

Le Jeudi 13 Avril 1905

A 2 HEURES

COMMISSAIRE-PRISEUR	EXPERT
Me LAIR DUBREUIL	**M. GEORGES SORTAIS**
6, rue de Hanovre	*4, rue Mogador*

Chez lesquels se distribue le présent Catalogue

EXPOSITION PUBLIQUE

Le Mercredi 12 Août 1905, de 1 h. 1/2 à 6 heures.

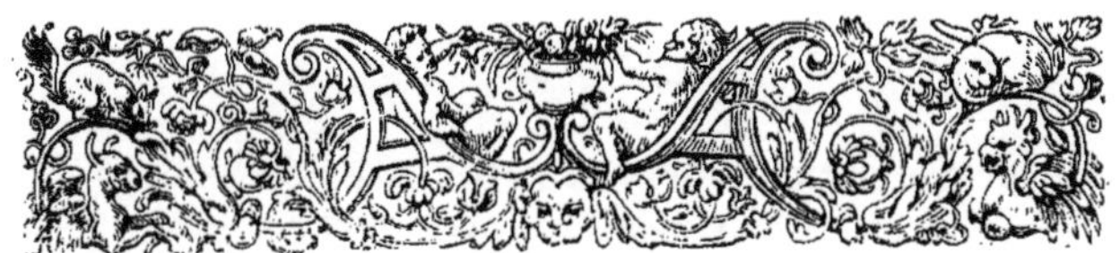

PRÉFACE

Le catalogue qui suit ces lignes réunit trois noms, trois noms de bataille, si je me reporte aux années où ils prirent possession de l'actualité et s'imposèrent à l'opinion publique; trois noms d'artistes que la foule a aimés de suite, d'intuition, parce qu'elle avait senti leur émotion, sans se donner la peine de comprendre leur effort; que les connaisseurs, d'abord timorés, finirent par adopter, quand ils eurent pénétré tout ce que leur formule d'humanité intensive recélait d'art robuste et de beauté vraie.

De Toulouse-Lautrec, Steinlen, Aristide Bruant!

A mesure que nous feuilletons le catalogue, voici que nous remontons de quinze ans le temps enfui : quinze ans qui seraient une éternité, si les œuvres qui en évoquent le souvenir n'étaient pas de celles qui ne doivent point vieillir.

Boulevard Rochechouard : un petit cabaret : la foule l'emplit, d'assaut : une foule d'artistes, de gens de lettres, de gens du monde, et même quelques fêtards, enchantés de provoquer l'attention, dans leur joie à s'entendre « engueuler ».

Dans un coin, de Toulouse-Lautrec, — qui signe ses premiers dessins de l'anagramme *Tréclau*, — joue de l'ironie ou du sentiment, selon le temps qu'il fait dans son rêve ; Steinlen observe, regarde, attend l'heure nocturne où il s'en ira par la ville, interroger les gestes des miséreux et lire à la clarté des étoiles sereines, les sanglantes détresses des épaves sociales.

Bruant, lui, est debout : c'est le gars solide, popularisé par l'admirable portrait de Desboutin et les affiches de Lautrec ; vêtu de velours noir, le pantalon bouffant dans les bottes, la chemise rouge risquant son plastron hors du gilet, il chante ; il chante, de sa voix qui prend, ses chansons d'une verve cinglante, qui vous remuent, parce qu'elles exaltent au milieu des tares et des hontes humaines, la petite fleur de tendresse qui s'épanouit quand même dans les âmes déchues. Il chante, et quand il s'arrête, des applaudissements éclatent, frénétiques, dans la fumée des pipes et le relent des bocks.

Et ce qui se passe dans le petit cabaret fait dans la rue et dans les salons l'objet des conversations : Bruant, Steinlen, Lautrec ; on parle d'eux partout ; leur vogue, un peu factice, comme tout ce qui est impulsif, atteint du premier coup à son maximum ; et il faudra l'apaisement de ces heures de bataille et de fièvre, pour qu'à la vogue, dont le caprice a de brusques lassitudes, succède le succès plus sûr, plus réfléchi, plus viable, qui ne pâlit pas. Cela est si vrai, qu'il suffira de l'annonce de la vente Bruant pour qu'il coure un frisson dans le tout Paris du théâtre et de l'art, pour que le passé se réveille au fond de toutes les mémoires comme s'il ne datait que d'hier.

***

Mais je m'attarde, et c'est plus des œuvres qu'il conviendrait de bavarder ici que des hommes qui les ont créées.

Et puisque de Toulouse-Lautrec est mort, en une fin tragiquement douloureuse, je m'arrêterai d'abord aux œuvres de lui qui sont plus loin cataloguées. Lautrec a eu, depuis peu, les honneurs du Luxembourg; on l'a exposé ici et là, et son succès fut très vif : le snobisme même, qui a remplacé son monocle par une loupe, a exagéré la formule de son enthousiasme, et pour glorifier un artiste mort, qu'il avait obstinément méconnu ou dédaigné de son vivant, il a risqué de le tuer une seconde fois. Heureusement que ses œuvres sont là, et notamment les morceaux de tout premier ordre, que Bruant gardait précieusement.

Ces morceaux, il faut le révéler au public, ne sont pas de ceux que Lautrec a produits au hasard de la fièvre, dans le scepticisme maladif où sa difformité physique le faisait se tenailler, non plus que dans l'ivresse de l'alcool ou des sens, à laquelle il demandait trop souvent l'oubli, cet oubli non défini qui est plus encore l'oubli de soi, qu'un isolement psychique au milieu d'une ambiance réelle. Les morceaux de la collection Bruant ont été faits alors que Lautrec était amoureux, alors qu'il était aimé; il y a mis non seulement tout ce qu'il y avait d'art en lui, mais toute son âme naïve, sevrée trop souvent d'épanchement sincère, sa pauvre âme de blessé, qui se cachait pour murmurer à l'oreille émue d'une fille, étonnée qu'on pût l'aimer encore, la chanson des rêves qui consolent et des serments, fugitifs hélas ! qui réconfortent et relèvent.

Et c'est pourquoi dans ces profils de femme, qui s'appellent : *à Saint-Lazare, à Montrouge, à Grenelle, à Batignolles*, il y a tant de mélancolie, tant de tendresse, tant d'humanité vraie. On peut les admirer dans l'intensité de leur expression, et le caractère dont elles témoignent ; il faut les aimer encore pour la signification toute spéciale qu'elles ont dans l'œuvre de Lautrec.

Les dessins de Steinlen, eux aussi, ont une signification forte, parce que l'artiste qui les a signés (1) n'était pas qu'un fantaisiste doué.

J'estime que la probité en art est une qualité indispensable, primordiale même, chez l'artiste qui veut atteindre à l'émotion ; cette qualité, Steinlen la possède au plus haut point, avec sa belle sincérité, où se mêle une part si touchante de naïveté.

Il a regardé dans la rue, il a regardé dans la vie, il a incliné son front de penseur sur les abîmes de l'humanité, sur les problèmes et les routines de l'existence, sur les machines souvent détraquées de la chose sociale, et là, où d'autres n'eussent vu que de la laideur et de la banalité, il a vu de la beauté, de cette beauté qui ne se fige pas dans une série de canons limités, cette beauté dont le domaine s'étend à l'infini, et qui consiste dans une heureuse simplification de ce qui est complexe.

« L'art véritable, a écrit Guyau, est celui qui nous donne le sentiment immédiat de la vie la plus intense et la plus expressive tout ensemble, la plus individuelle et la plus sociale. » N'est-ce pas à cet art-là que tout l'effort de Steinlen s'est appliqué ?

Examinez un à un les dessins, à l'aide desquels il a commenté le verbe mordant et coloré de Bruant, et ceux qu'il a donnés au *Mirliton*, le petit canard du Cabaret, dont la collection complète est aujourd'hui si précieuse.

Il y a bien dit, avec une égale acuité, l'âme individuelle et l'âme collective ; les filles qui s'en vont par les

(1) Il y en a qui sont signés *Caillou*, pseudonyme que prit un temps Steinlen.

rues, comme le flot mouvant des mauvaises marées, et les pauvresses, échouées sur le pavé, épaves désemparées de ces marées mauvaises; les trottins qui trompent sous un luxe frêle, des appétits qu'aiguise la gêne; les mâles de barrières, à qui répugne l'effort salarié, dans l'inconscience où ils vivent de leur honte d'étalons entretenus; puis, les grandes ivresses des soirs populaires où, sous la flamme multiple des lampions, les gens vivent pour quelques heures dans un paradis artificiel de liberté relative et de sottise brutale; les grandes clameurs qui roulent le long des faubourgs attristés, rythmées par le balancement des emblèmes séditieux, aux époques des turbulences civiles, des tempêtes du travail.

C'est plus qu'une époque: c'est toute l'humanité qui passe sous nos yeux, de par la force du talent.

On n'y relève pas d'amertume, pas de vaine amplification, mais un sentiment profond de vérité, un réalisme qui me semble bien le vrai et le beau réalisme, celui qui consiste à discerner le réel du trivial.

Et cela est d'autant plus sensible que Steinlen ne s'est pas enfermé dans l'expression des pensées douloureuses. Il y a des accalmies dans son œuvre: il y a des sourires et des gaîtés, et des ironies, et ce serait le mal connaître que de vouloir faire de lui un outrancier de la mélancolie.

Son grand mérite, en dehors de ses qualités de technique, qu'il serait déplacé de traiter ici, c'est d'avoir su fixer notre attention sur des choses, dont le spectacle quotidien nous eût, sans lui, laissés peut-être indifférents. Avec une volonté pour laquelle il puisait de nouveaux et infatigables ressorts dans son âme indépendante et fière, il s'est appliqué à rendre de la fraîcheur à des sensations qui eussent pu paraître fanées ; il a étendu le champ de son observation à des choses qui jusque-là avaient été dérobées à un concept esthétique ; il nous a révélé de l'imprévu dans ce que nous sommes accoutumés de voir, avec une habituelle légèreté ; en un mot, il nous force à l'admirer, peut-être parce qu'il nous oblige à penser ; parce qu'il nous arrache à notre cécité et qu'il ouvre nos yeux sur une foule d'objets dont nous n'avions le souci que pour nous en détourner avec une manière de peur : parce qu'en nous intéressant à son observation, il fait aimer la vie davantage, il en fait mieux pénétrer l'activité grandiose dans ses efforts les plus cachés, les plus obscurs, activité grandiose et qui nous paraît telle, quand on la dégage des contingences mesquines dont elle est issue. Voilà pourquoi je considère que la vente d'un grand nombre de dessins de Steinlen est un évènement.

Les amateurs et les bibliophiles y trouveront leur compte, d'autant que Bruant a eu la bonne pensée d'écrire ses vers à côté des dessins qui dans le livre les illustrent.

Je disais au commencement que les noms de Lautrec, de Bruant et de Steinlen, étaient des noms de bataille ; je suis convaincu qu'au jour des enchères, ce seront des noms de victoires.

L. ROGER-MILÈS.

TABLEAUX

LAUTREC

1 — *A Saint-Lazare.*

Devant une table grossière sur laquelle se trouve une petite bouteille d'encre, une jeune femme, revêtue du costume des détenues, est assise de profil. Elle se détache sur un fond blanc à peine bleui de quelques légers pointillés. Novice de la prostitution, c'est sans doute son premier stage à la prison. Elle écrit, à son petit homme, la fameuse lettre datée de Saint-Lazare. L'expression de calme, l'attitude abandonnée quoique réfléchie, l'air de jeunesse, sous le petit bonnet blanc lui font presque une auréole de chasteté : résultat de la réclusion qui lui rend son premier état d'âme.

Signé à gauche, en bas : *Lautrec.*

Carton. Haut., 65 cent.; larg., 50 cent.

LAUTREC

2 — *A Montrouge.*

Une femme au masque tragique, à la tignasse fauve, est embusquée devant une fenêtre. Sous les mèches de cheveux rudes et roux, qui cachent l'œil droit, on devine la fixité cruelle du regard. C'est Rosa la Rouge. Les tons de sa camisole blanche et de sa jupe noire, se fondent remarquablement avec la clarté louche qui tombe des vitres. Dans l'anatomie brutale des poignets, dans l'attitude ramassée, on sent la femelle prête à bondir pour aider à la perpétration du drame qu'elle attend.

Signé à gauche, en haut : *Lautrec.*

Toile. Haut.. 70 cent ; larg.. 47 cent.

LAUTREC

3 — *A la Bastille.*

C'est la serveuse de bocks des « brasseries à femmes », qui pullulèrent de 1880 à 1890. La fille est assise de face, devant un guéridon en fer, un verre vide entre les doigts. Le regard vague, les lèvres serrées, le teint maladif, la lassitude des bras comme tombés des épaules, le buste jeté en avant, tout en elle révèle les tares d'un organisme ravagé par les débauches et l'alcool. L'ensemble du coloris de cette toile est traité d'une façon tout à fait remarquable.

Signé à droite, en haut : *Lautrec.*

Toile. Haut.. 72 cent.; larg. 49 cent.

LAUTREC

4 — *A Grenelle.*

En corset, la femme de profil est accoudée sur la table d'un bouge, le menton dans la paume de sa main gauche, avec, devant elle, une consommation et un paquet de cigarettes. C'est le type le plus pur de la fille des maisons louches qui avoisinent le quartier de l'Ecole militaire. C'est la bête de somme inconsciente de sa dégradation et de sa servitude, attendant le client, sans impatience, comme sans joie. Cette curieuse étude découle tout entière de l'art impressionniste à son aurore; sa force même est faite de la simplicité du procédé.

Toile. Haut., 56 cent.; larg., 49 cent.

LAUTREC

5 — *A Batignolles.*

« Quand a s' balladait sous l' ciel bleu.
Avec ses ch' veux couleur de feu,
On croyait voir eune auréole
A Batignolles. »

Ces vers du poète ont inspiré le peintre : Un plein air, à midi, par un soleil intense de juin, alors que la nature est dans toute la force de ses coloris heurtés et débordants. La fille — une toute jeune femme — est debout, les bras pendants, les mains jointes, dans une attitude de rêve. Les coins tombants de la bouche ainsi que l'abandon du corps décèlent la lassitude prématurée. On pense au sang déjà vicié qui coule sous la peau. Ce qu'il faut admirer, sans réserve, dans cette étude de l'école impressionniste, c'est l'expression de ce jeune regard, comme imprégné de vice ingénu, sous les paupières lourdes ; c'est la transparence de l'oreille et des cheveux sous l'éclat du soleil ardent ; c'est enfin cette brutalité sincère et unique dont Lautrec eut le secret.

Toile. Haut., 92 cent. ; larg., 65.

LAUTREC

6 — *Le refrain de la Chaise Louis XIII, au Cabaret d'Aristide Bruant.*

Battant la mesure, debout sur un banc, Aristide Bruant chante, avec ses clients, le refrain de la fameuse Chaise Louis XIII :

« Ah ! Mesdames, qu'on est à l'aise,
Quand on est assis sur la chaise
Louis XIII,
Elle est à Salis et cependant
Pour s'asseoir dessus faut aller chez Bruant. »

Au premier plan, tournant le dos, le poète Roinard. Au second plan, à droite, Mme Mandika, qui eut son quart d'heure de célébrité à Montmartre. A sa droite le poète Maurice, puis M. Richard. Derrière, le dessinateur Durvis, mort si jeune ! De l'autre coté de la table, près de la colonne, de Toulouse-Lautrec, à sa droite M. Numès, derrière lui le peintre Anquetin. Sous le bras gauche de Bruant, la tête rasée de Maxime, le légendaire garçon du cabaret ; puis, les bras en l'air, le poète Hortus. Suspendue au plafond, la célèbre Chaise Louis XIII. Cette étude animée révèle un coin curieux, au commencement de la gestation cérébrale de Montmartre. Dans le flou du fond, on perçoit, à peine, les divers objets qui ornent le cabaret et, dans l'expression ou gaie ou attentionnée des auditeurs, on devine un esprit de sincérité qui devient rare à notre époque.

Signé à gauche, en bas : *Tréclau.*

Papier marouflé sur toile. Haut., 82 cent. ; larg., 66 cent.

LAUTREC

7 — *Le quadrille de la Chaise Louis XIII, à l'Élysée-Montmartre.*

Au pied de l'orchestre où Dufour bat la mesure, Bruant regarde danser le quadrille naturaliste, par La Goulue, Grille d'Égout et Valentin le « Désossé ». A côté de l'orchestre, le peintre Anquetin avec son pardessus sur le bras. Au premier plan, le père La Pudeur. Dans les silhouettes à peine estompées, on sent tout le grouillement d'une foule, à travers le léger nuage de poussière soulevé par les ébats des danseurs.

Les lettres gothiques du frontispice ont été dessinées par l'auteur.

Signé à gauche, en bas : *Lautrec.*

Toile. Haut., 45 cent.; larg., 56 cent.

DESSINS

LAUTREC

8 — *La dernière goutte.*

Le respect des morts à Paris : Dans une attitude embarrassée qui veut être respectueuse, un ouvrier en état d'ivresse asperge d'eau bénite un cercueil recouvert du drap mortuaire et entouré de cierges fumeux. Au fond, à gauche, le croque-mort, les bras croisés, attend, indifférent, la levée du corps. L'artiste dans un esprit de fantaisie macabre a dessiné, sur le drap, une tête de mort et deux tibias.

Signé à droite, en bas : *T. L.*

Dessin paru dans le journal *Le Mirliton*. N° 31 de Janvier, 1887.

LAUTREC

9 — *Le dernier salut.*

Le respect des morts à Paris : Un ouvrier recueilli se découvre devant le convoi qui passe au fond. La dominante de ce dessin est dans l'expression des traits de l'homme et dans la façon magistrale dont il est campé.

Signé à gauche, en bas : *Tréclau.*

Dessin paru dans le journal *Le Mirliton.* N° 34 de Mars, 1887.

LAUTREC

10 — *Sur le pavé.*

Un tout jeune trottin de modiste, enchanté de se sentir suivi par un vieux marcheur, qui, le monocle à l'œil et les mains dans ses poches, suppute en connaisseur la verdeur des appas. Le regard vicieux, le nez au vent, la petite flaire la bonne occasion. A droite, un édicule, au fond un fiacre qui cahotte sur le boulevard. Tableau impressionniste et toujours d'actualité.

Signé à gauche, en bas : *Lautrec.*

Dessin paru dans le journal *Le Mirliton.* N° 33 de février, 1887.

DESSINS

ŒUVRES DE STEINLEN

Tous les dessins qui suivent illustrent les deux volumes d'Aristide Bruant intitulés : *Dans la Rue.*

Chacun de ces dessins porte au Catalogue le rappel de la page du volume où il a paru. La disposition du texte et du dessin de la page indiquée est exactement reconstituée sur chacun des numéros suivants.

A l'envers de chaque numéro se trouve collée la page authentique.

Premier volume.

11 — *Belleville-Ménilmontant.*
(Chanson) Page 87.

12 — *Belleville-Ménilmontant.*
(Chanson) Page 88.

13 — *Belleville-Ménilmontant.*
(Chanson) Page 89.

14 — *Belleville-Ménilmontant.*
(Chanson) Page 90.

15 — *Sonneur.*
(Monologue) Page 93.

16 — *Sonneur.*
(Monologue) Page 94.

17 — *A la Glacière.*
(Chanson) Page 109.

18 — *A la Glacière.*
(Chanson) Page 110.

19 — *A la Glacière.*
(Chanson) Page 111.

20 — *A la Glacière.*
(Chanson) Page 112.

21 — *A la Glacière.*
(Chanson) Page 113.

22 — *A la Glacière.*
(Chanson) Page 114.

STEINLEN

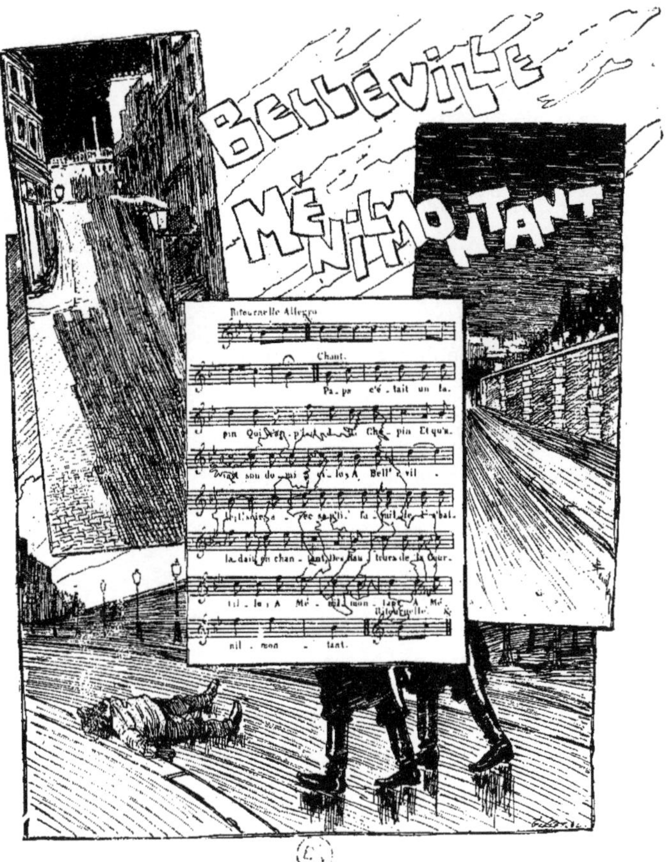

Dans la Rue (Tome I. Page 87).

N° 11 du Catalogue.

23 — *A la Madeleine.*
(Chanson) Page 157.

24 — *A la Madeleine.*
(Chanson) Pages 158 et 159.

25 — *A la Madeleine.*
(Chanson) Page 160.

26 — *Soulaud.*
(Monologue) Page 163.

27 — *Soulaud.*
(Monologue) Page 164.

28 — *A Montmerle.*
(Chanson) Page 167.

29 — *A Montmerle.*
(Chanson) Pages 168 et 169.

30 — *A Montmerle.*
(Chanson) Page 170.

31 — *A Montmerle.*
(Chanson) Page 171.

STEINLEN

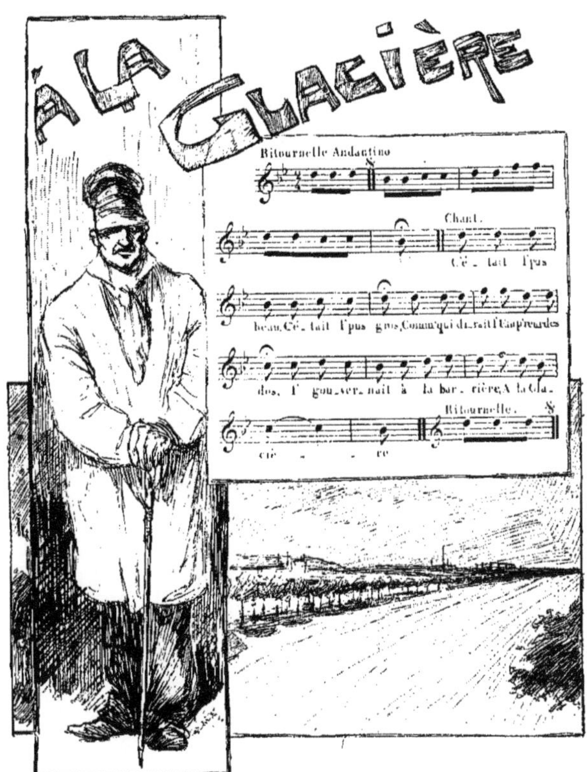

Dans la Rue (Tome I. Page 109).

N° 17 du Catalogue.

32 — *A Montmerte.*
(Chanson) Page 172.

33 — *Grériste.*
(Monologue) Page 187.

34 — *Grériste.*
(Monologue) Page 188.

35 — *Grériste.*
(Monologue) Page 189.

36 — *Grériste.*
(Monologue) Page 190.

37 — *Grelotteux.*
(Monologue) Page 205

38 — *Grelotteux.*
(Monologue) Pages 206 et 207.

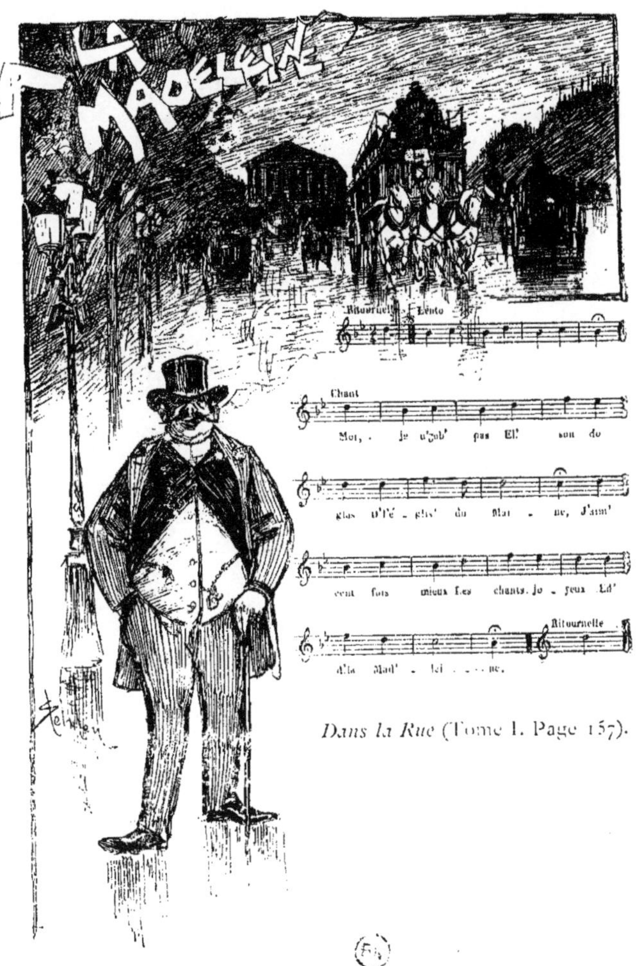

Dans la Rue (Tome I. Page 157).

Nº 23 du Catalogue.

Deuxième volume.

39 — *Au Bois de Boulogne.*
(Chanson) Pages 149 à 155.

40 — *Au Bois de Vincennes.*
(Chanson) Pages 159 à 165.

41 — *Exploité.*
(Monologue) Page 179.

42 — *Exploité.*
(Monologue) Page 181.

43 *Exploité.*
(Monologue) Page 182.

44 — *Exploité.*
(Monologue) Page 183.

45 — *Exploité.*
(Monologue) Page 184.

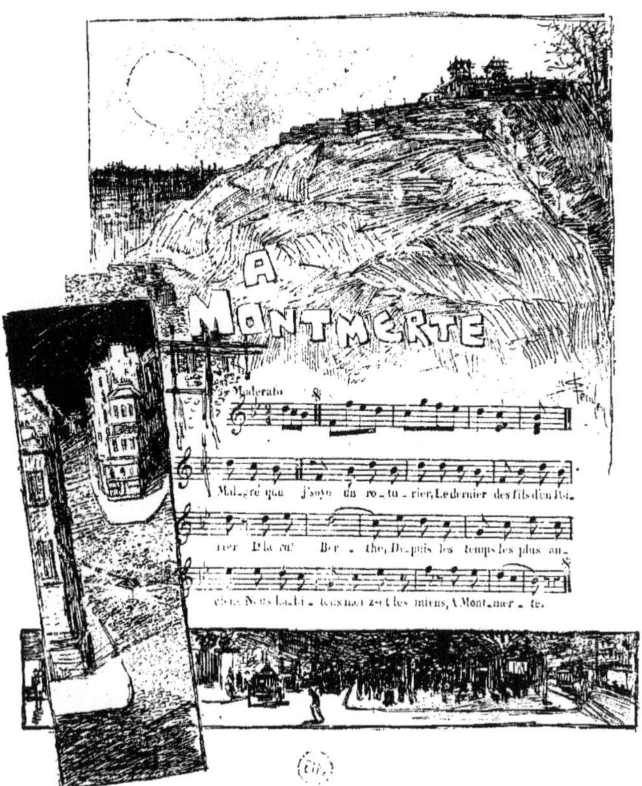

Dans la Rue (Tome I. Page 167).

N° 28 du Catalogue.

46 — *Exploité.*
(Monologue) Page 185.

47 — *A la Goutte-d'Or.*
(Chanson) Page 187.

48 — *A la Goutte-d'Or.*
(Chanson) Page 189.

49 — *A la Goutte-d'Or.*
(Chanson) Pages 190 et 191.

50 — *A la Goutte-d'Or.*
(Chanson) Page 192.

51 — *A la Goutte-d'Or.*
(Chanson) Page 193.

52 — *Heureux.*
(Monologue) Page 205.

53 — *Heureux.*
(Monologue) Pages 206 et 207.

STEINLEN

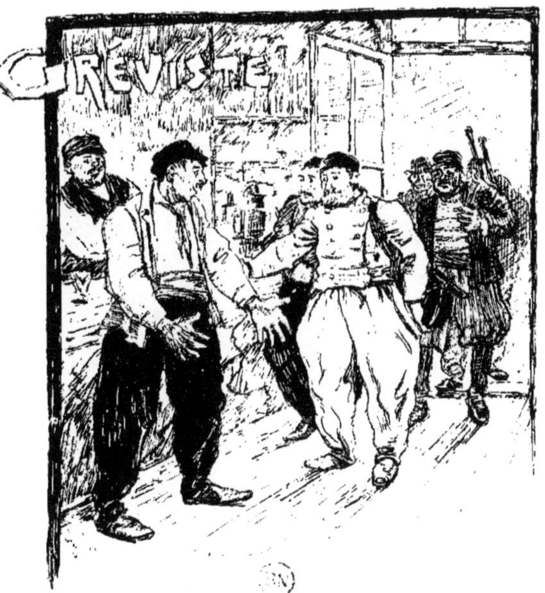

Dans la Rue (Tome I. Page 187).

N° 33 du Catalogue.

DESSINS

ŒUVRES DE STEINLEN

Tous les dessins qui suivent ont été publiés dans le journal : *Le Mirliton*.

Chacun de ces dessins porte, au catalogue, le rappel du numéro où il a paru.

A l'envers de chaque cadre se trouve collé le numéro authentique du journal.

54 — *Idylle.*

Juin, 1887. N° 37.

55 — « — *Pour eux, la marmite chauffe toujours.* »

Juillet, 1887. N° 38.

56 — « — *V'là l' beau temps, pourvu qu' ça dure !...* »

Avril, 1888. N° 46.

57 — « — *Je r' riens d' la noce à Ugène et... j' l'épous' rais ben tout d' même... mais j'ai pus l' rond.* »

Décembre, 1888. N° 53.

58 — « — *Ramasse moi, dis, la p' tit' mère...*
— *J' ramasse pas, moi, soulaud, on m' ramasse.* »

Janvier, 1889. N° 54.

59 — « — *Quéqu'il t'a dit ?*
— *Il m'a dit m....!*
— *T'as rien d' la veine, ça porte bonheur.* »

Mars-Avril, 1889. N° 56.

60 — « — *Relâche partout... y a qu' nous qui se r' posent jamais.*

Juin, 1889. N° 58.

61 — « — *T'as une gueule à être employé dans les ministères.* »

Mars-Avril, 1890. N° 63.

62 — « — *N' te casse pas la gueule, y a encore un pas.* »

Août-Septembre, 1890. N° 65.

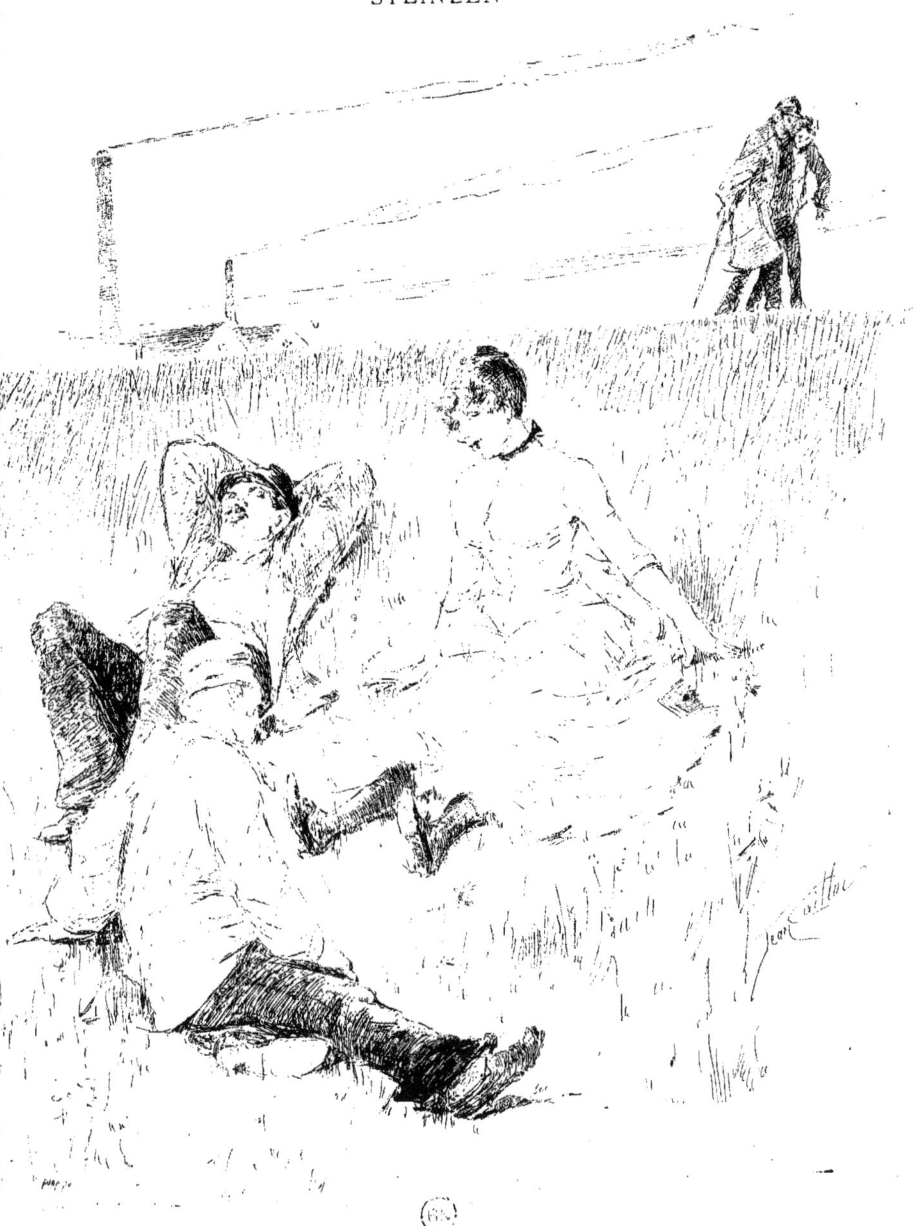

Le *Mirliton* (N° 37. Juin, 1887).

N° 54 du Catalogue.

63 — *« — Démolir les fortifs !... alors quoi ? »*
Octobre, 1891. N° 75.

64 — *« — A quoi qu' tu penses... à la famille ? »*
Novembre, 1891. N° 76.

65 — *« — V' là la nuit... où que j' vas aller ? »*
Décembre, 1891. N° 77.

66 — *Le Bottillon.*
(Vieille Chanson). 24 Février, 1893. N° 98.

67 — *Aux Oiseaux.*
(Vieille Chanson). 10 Mars, 1893. N° 100.

68 — *Le Chat noir.*
(Chanson). 17 Mars, 1893. N° 101.

69 — *A Mazas.*
(Chanson). 14 Avril, 1893. N° 105.

70 — *Pus d' patrons.*
(Monologue). 21 Avril, 1893. N° 106.

71 — *A Biribi.*
(Chanson). 28 Avril, 1893. N° 107.

72 — *Côtier.*

(Monologue). 5 Mai, 1893, N° 108.

73 — *D' la braise !*

(Chanson). 26 Mai, 1893. N° 111.

74 — *Récidiviste.*

(Monologue). 2 Juin, 1893. N° 112

75 — *Les quat' pattes.*

(Monologue). 9 Juin, 1893. N° 113.

76 — *Les vrais dos.*

(Monologue). 23 Juin, 1893. N° 115.

77 — *V' là l' choléra qu'arrive.*

(Chanson). 7 Juillet, 1893. N° 117.

78 — *Fins de Siècle.*

(Monologue). 14 Juillet, 1893. N° 118.

79 — *Ya Meinherr.*

(Monologue). 28 Juillet, 1893. N° 120.

80 — *Sur l' pavé.*

(Chanson). 1er Septembre, 1893. N° 125.

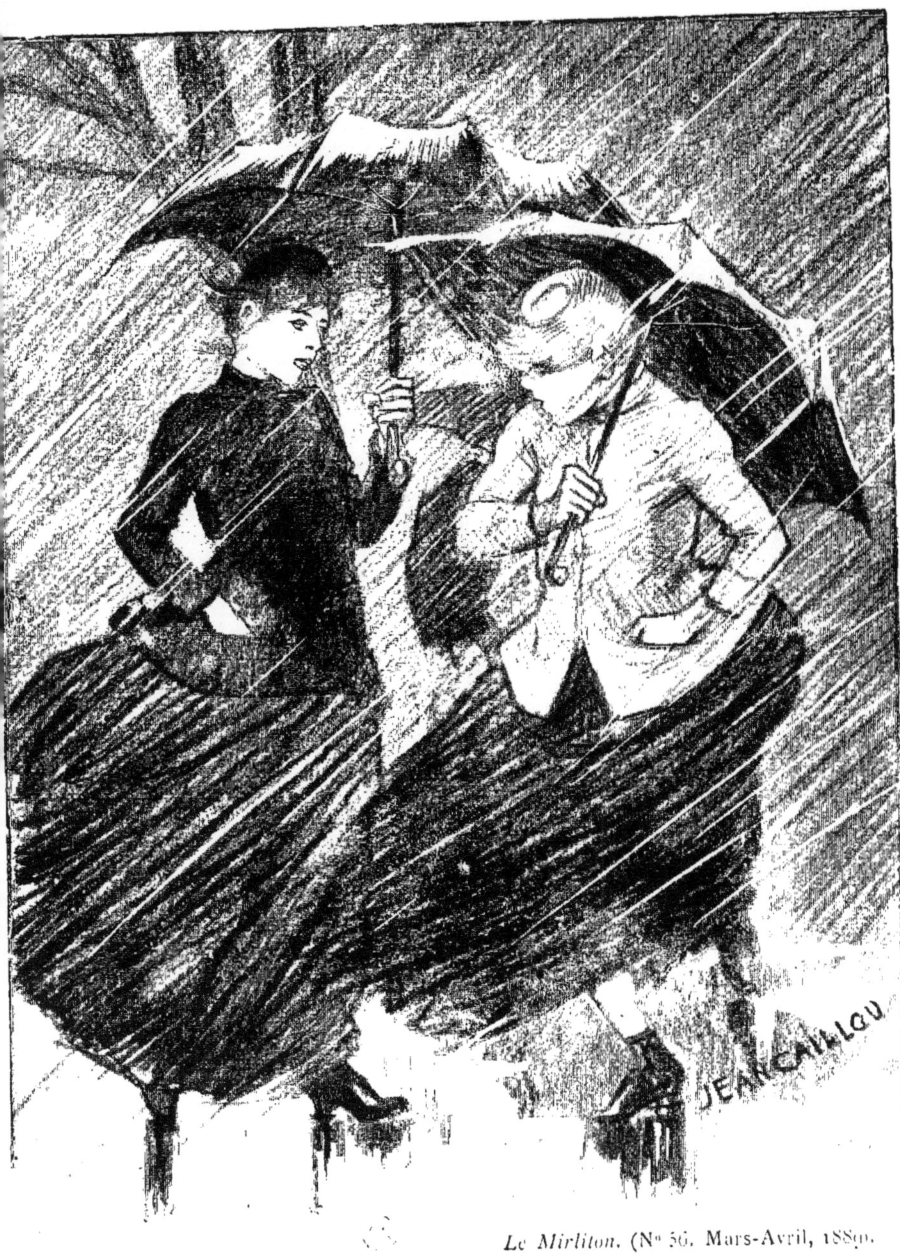

Le Mirliton. (Nº 56. Mars-Avril, 1889.

Nº 59 du Catalogue.

81 — *Grelotteux.*
(Monologue). 22 Septembre, 1893. N° 128.

82 — *L'Enterrement.*
(Chanson). 6 Octobre, 1893. N° 130.

83 — *Alleluia du Cheminot.*
(Chanson). 20 Octobre, 1893. N° 132.

84 — *Marchand d' crayon.*
(Monologue). 27 Octobre, 1893. N° 133.

85 — *Sur l' boul' vard.*
(Chanson). 10 Novembre, 1893. N° 135.

86 — *Les Marcheuses.*
(Chanson). 24 Novembre, 1893. N° 137.

87 — *A la Madeleine.*
(Chanson). 15 Décembre, 1893. N° 140.

88 — *C' qu'y sont veinards !*
(Chanson). 2 Février, 1894. N° 5.

89 — *Henri IV a découché.*
(Chanson). 24 Février, 1894. N° 8.

90 — *Le Peuple.*
(Chanson). 9 Mars, 1894. N° 10.

91 — *Alleluia !*
(Chanson). 16 Mars, 1894. N° 11.

92 — *Le Gaulois du pont d'Iéna.*
(Chanson). 23 Mars, 1894. N° 12

93 — *L'Hôtel du Tapis-vert.*
(Monologue). 15 Décembre, 1895. N° 14.

94 — *Terrassier.*
(Monologue). 15 Janvier, 1896. N° 15.

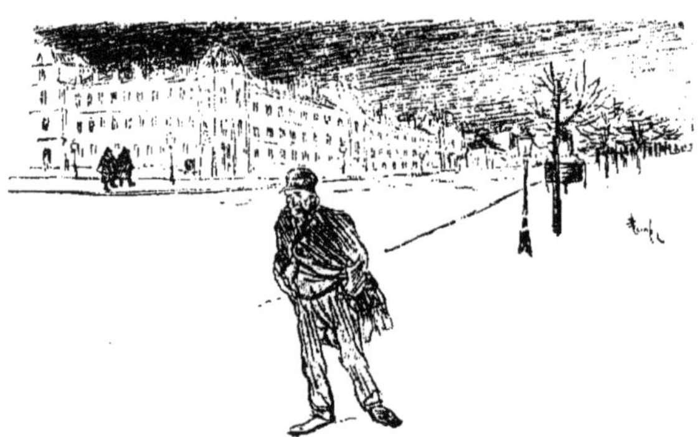

Dans la Rue (Tome II. Page 205.)
N° 52 du Catalogue.

www.ingramcontent.com/pod-product-compliance
Ingram Content Group UK Ltd.
Pitfield, Milton Keynes, MK11 3LW, UK
UKHW020452180726
13839UKWH00004B/1786

9 782329 514857